AF585807

DE LA CONDITION

DE

LA FEMME EN CHINE

COMME FILLE, ÉPOUSE ET MÈRE.

CONFÉRENCE

FAITE A CHARTRES, LE JEUDI 6 JUIN 1878

PAR M. LY-CHAO-PEE

LETTRÉ CHINOIS

STÉNOGRAPHIÉE PAR M. ÉMILE PICHON.

CHARTRES

IMPRIMERIE ÉDOUARD GARNIER

11, rue du Grand-Cerf, 11

M DCCC LXXVIII

DE LA CONDITION

DE

LA FEMME EN CHINE

COMME FILLE, ÉPOUSE ET MÈRE.

MESDAMES ET MESSIEURS,

Avant d'aborder le sujet de cette conférence, j'ai plusieurs choses à vous dire :

1° Il est nécessaire de vous prévenir que la politesse chinoise exige que l'on porte le chapeau sur la tête dans toute solennité ; et celui dont vous me voyez paré, c'est le chapeau de cérémonie et non pas celui que l'on doit porter en civil.

En Europe, ce serait une grande impolitesse; mais vous le savez, autres contrées autres mœurs ; et comme j'ai l'honneur de parler devant un auditoire choisi, je le porte pour me conformer aux usages de mon pays.

2° Je demande une grande indulgence pour les fautes que je peux commettre en parlant la langue française; car n'oubliez pas que celui qui vous parle est un Chinois, qui a fait 4,000 lieues pour visiter la France, à laquelle il souhaite toutes sortes de succès afin qu'elle reste la plus grande nation. Songez aussi que si vous alliez jamais en Chine, et que vous parliez le chinois en public, nous excuserions les fautes que vous commettriez.

Toutefois, s'il se trouve dans l'auditoire des personnes qui trouvent que je parle mal le français, je suis tout prêt à leur parler en chinois.

3° Veuillez savoir aussi, qu'il y a quelques années, plusieurs journaux français, le journal *La France* entre autres, ont parlé d'un Chinois accusé de polygamie et qui fut acquitté. Comme j'ai été souvent pris pour ce Chinois, mon intention est qu'on ne me confonde pas avec lui.

J'entre en matière.

La condition de la femme en Chine, comme fille, épouse et mère, est le sujet de ma conférence d'aujourd'hui; et il m'a semblé que je devais choisir ce sujet de préférence à tout autre, pour mieux vous faire connaître les mœurs chinoises.

La Chine se divise en deux parties : la Chine proprement dite, et la Chine improprement dite ou États tributaires, comme la Tartarie, la Mongolie, etc... Je ne veux parler que de la Chine proprement dite, qui se divise en dix-huit provinces.

En Chine, ce n'est pas à la femme qu'appartient la prépondérance. En France, on appelle le sexe féminin le beau sexe, c'est faire supposer que c'est la beauté surtout qui fait son mérite : en Chine, si la femme est considérée ce n'est pas par la beauté seule, mais par les qualités morales. Elle est nécessaire au maintien de la société : c'est la femme qui nous a mis au monde, qui nous a élevés, et quand nous sommes mariés, c'est la femme qui est l'honneur de l'homme.

Quelle est l'enfance des jeunes filles chinoises ?

Elles sont séparées des garçons dès l'âge de sept ans; et il ne leur est pas permis de s'asseoir ni de manger avec eux. Elles ne quittent la maison paternelle que pour le mariage, et si elles sortent quelquefois, elles sont toujours accompagnées de leur mère; elles sont surveillées avec un très-grand soin, et on voit qu'il leur est presque impossible de ne pas conserver leur innocence.

Elles ne vont pas en pension, il n'y a pas en Chine de pension pour les jeunes filles. Elles sont élevées par leur mère, qui leur apprend à lire, à écrire, et surtout à faire de la broderie de soie; elles font de la peinture à l'aquarelle; l'instrument préféré pour la musique est la guitare; elles ne jouent pas encore du piano, mais je crois. qu'elles l'apprendront bientôt.

Vous n'êtes pas sans avoir entendu parler de la coutume qu'on a en Chine de déformer les pieds des jeunes filles. Cette opération commence dès l'âge de 5 à 6 ans; on leur serre les pieds au moyen de bandelettes. On a faussement dit qu'on les leur serrait dans de petites chaussures en fer ou en cuivre; c'est une erreur. La déformation, dis-je, se fait au moyen de bandelettes; elles ont les pieds presque pliés, l'orteil est relevé presque perpendiculairement et la partie supérieure est devenue convexe, enfin l'angle que forment le talon et l'os de la jambe a presque disparu.

Vous pouvez voir en ce moment à Paris, à la section chinoise de l'Exposition universelle, de petits souliers qui n'ont pas plus de 10 centimètres de longueur.

La douleur, chez les enfants, dure de cinq à six semaines; chez les jeunes filles, elle dure quelquefois toute la vie. Cet usage est de rigueur en Chine, car une jeune fille qui n'aurait pas de petits pieds ne trouverait même pas à se marier.

On croit que cet usage vient de la jalousie des maris ou bien de ce qu'une impératrice avait les pieds bots, et les dames de la cour, pour lui ressembler, se sont aussi déformé les pieds.

La classe pauvre se déforme de même les pieds; mais la forme du soulier est plus longue.

Les Chinoises, à cause de leurs petits pieds, ne peuvent pas faire de longues courses; les petites filles marchent assez facilement, mais les femmes de vingt ans qui ont le poids du corps beaucoup plus grand ne peuvent pas courir du tout; aussi, en Chine, rencontre-t-on peu de *coureuses*.

Je tiens à relever certaines erreurs qui ont été publiées dans des ouvrages sur la Chine On a faussement dit que le mariage n'est pas une institution. Tous les rites, les cérémonies sont au contraire très-bien réglés, et le mariage est une institution légale. Il se contracte de très-bonne heure, surtout entre les gens riches.

La loi a précisé la limite d'âge pour le mariage. Les jeunes filles peuvent se marier à l'âge de douze ans; mais il faut savoir que, dans un pays comme le nôtre, le beau sexe est précoce. Les garçons peuvent se marier à quatorze ans.

Les promesses du mariage se font quand les enfants ont de cinq à six ans, quelquefois même avant que les enfants soient nés; mais on comprend bien que ces promesses se font avec condition dans ce dernier cas.

On se sert d'intermédiaires pour le mariage, car en Chine il y a très-peu de mariages d'inclination, et les intermédiaires trompent généralement le plus possible. Les futurs époux ne se voient pas avant la cérémonie, ils s'en rapportent à ce que leur disent les intermédiaires.

Voici le portrait des Chinoises :

Elles ont le visage ovale; des yeux en coulisse, des sourcils remarquablement grêles et fort élevés; un nez épais, une bouche petite, mais avec les lèvres minces et d'un rose vif, et enfin des cheveux noirs abondants. Il n'y a en Chine que des brunes, les blondes et surtout les rousses passeraient pour des phénomènes.

Quand tout est arrangé pour le mariage, trois nuits avant la célébration, on illumine les demeures des futurs en signe de tristesse; car le mariage du fils est considéré comme l'image de mort du père, et les parents qui perdent leur fille ne doivent pas se livrer à des réjouissances.

Le jour de la célébration du mariage, une chaise à porteurs, que vous appelez en Europe un palanquin, arrive, envoyée par le fiancé; alors tout le mende se met à pleurer, principalement la fiancée; elle se sauve même et se cache, et il faut la chercher et l'emmener de force. Tout cela a été prescrit par Confucius, qui est le Jésus-Christ des Chinois. (Je dis cela comme comparaison, car je suis chrétien catholique.) Il a voulu faire comprendre par là que, dans la vie nouvelle où les mariés vont entrer, tout ne sera pas couleur de roses, mais que la route sera bien plus parsemée d'épines que de fleurs.

Quant au mariage, on ne va pas devant le maire, ni devant les prêtres bouddhiques; l'acte se fait dans un salon devant le père et la mère, ou, s'ils sont morts, devant les parents, et si ceux-ci n'existent plus, devant les amis au nombre de trois ou quatre.

Les jeunes mariés se mettent devant un autel et s'agenouillent trois fois, pendant qu'on lit des passages tirés de Confucius.

Le lendemain, chez les gens riches, on va rendre le culte aux tablettes qui représentent les ancêtres.

Un mois après son mariage, la femme quitte son mari et va passer un mois environ dans sa famille, où elle est considérée comme si elle était encore jeune fille ; mais après cette première visite, chaque fois qu'elle retourne chez ses parents, elle est traitée comme une invitée.

Pendant le grand deuil, qui dure trois ans, le mariage est nul. Pourquoi trois ans ? Confucius l'a prescrit pour que nous nous montrions reconnaissants des soins continuels que nous ont donnés nos parents pendant nos trois premières années.

Le veuvage est très-honoré en Chine ; on décerne une sorte d'arc de triomphe au veuvage éternel, et le suicide d'une femme veuve est de même très-honoré.

Les femmes mariées ne sont pas du tout esclaves comme l'ont prétendu et écrit des écrivains ou plutôt des écrivassiers. Tout récemment, je parlais de la condition de la femme en Orient, et je disais que les femmes chinoises sont beaucoup plus heureuses que les femmes turques ou persanes ; seulement il faut dire qu'elles sont beaucoup plus soumises, plus obéissantes et beaucoup moins entêtées que les européennes.

Je veux parler un peu de la Chine en passant. La Chine est certes une contrée mal connue, même des personnes qui se posent comme savantes, et surtout fort calomniée aux yeux du vulgaire européen. Le Chinois est considéré comme barbare, original, etc. ; ce n'est qu'une calomnie.

La devise de la Société d'Ethnographie dit : « Nous différons par la nationalité, Français, Anglais, Turcs, Chinois, mais nous sommes tous des frères par la lumière de l'esprit et de l'intelligence. »

Par cette raison, je tiens, moi, Chinois en chair et en os et Chinois pur sang, à ce que l'on porte un jugement plus conforme à la vérité. Je m'élève donc fortement contre toutes les mauvaises publications faites sur la Chine ; il faut y être resté longtemps pour bien la connaître, et tous les préjugés que l'on a répandus sont de pures calomnies.

Sur la question de l'infanticide, c'est une erreur de croire que tous les parents noient leurs enfants et les donnent à manger aux porcs ; ce n'est pas si-commun qu'on le croit en Europe, et je tiens pour l'honneur de mon pays, à relever cette fausse assertion.

On a dit qu'il faut apprendre des milliers de mots pour savoir la langue chinoise. Il est vrai que nous avons cinquante mille caractères, tous faits d'après un système méthodique ; mais il n'est pas nécessaire de savoir dix mille ou quinze mille mots pour parler chinois : avec cinq mille mots on peut parfaitement savoir la langue chinoise.

Chaque mot est composé de plusieurs traits qui peuvent ressembler à vos syllabes. Il y a dans le Dictionnaire français plus de cent mille mots : et il n'y pas en France une seule personne qui connaisse tous les termes employés en médecine, en mécanique, etc., mais l'on n'a pas besoin de savoir ces mots pour bien parler français.

Ce sont là deux préjugés que je tenais à relever, et je vous demande pardon de ma petite digression.

Les femmes chinoises sont généralement très-soumises à leurs maris. On a fait en Chine, pour le beau sexe, une sorte d'extrait ou petit livre tiré des œuvres de Confucius, et qui dit : « La femme chinoise peut être comparée à la lune qui reçoit sa lumière du soleil ; l'atmosphère de la femme est le ménage, et ce n'est pas la poule mais le coq qui annonce l'aurore. »

Les Chinoises sont très-raisonnables ; elles ne sortent que pour faire des visites à leurs plus proches parents, et elles restent ordinairement enfermées et séparées des hommes, excepté naturellement de leur mari.

Cette séquestration est adoucie par de riches cadeaux que leur font leurs maris.

Dans leur retraite, les Chinoises s'occupent de leurs parures, de leurs toilettes ; et comme il n'y a pas en Chine de cordonniers pour les dames, ce sont elles qui font elles-mêmes leurs souliers.

L'état du beau sexe est généralement regardé comme un état de faiblesse ; il y a même des Chinois qui croient que les femmes n'ont pas d'âme : je ne suis nullement de cet avis, je dis même qu'elles sont puissantes ; et pour prouver ce que j'avance, je n'ai qu'à citer ces paroles d'un de vos rois, François Ier : « Ce que femme veut, Dieu le veut. »

Les Chinoises sont pupilles toute leur vie et ne peuvent signer aucun acte, à moins qu'elles ne soient assistées d'un de leurs fils, de leur beau-frère ou bien de leurs plus proches parents qui se portent alors comme garants.

Elles s'occupent du ménage ; elles sont peu curieuses de la

littérature et encore moins de la politique. L'instruction est, du reste, fort peu répandue ; les Chinoises des basses classes n'ont pas d'instruction ou très-peu ; la France est bien en avant sous ce rapport. L'instruction n'est pas obligatoire en Chine comme en France, mais on espère qu'elle le deviendra bientôt.

En Chine, on ne voit pas de femmes dans les boutiques, ou bien, s'il y en a, ce sont de vieilles Chinoises ; mais ce sont les hommes qui s'occupent du commerce, et les jeunes femmes se sauvent dès qu'elles aperçoivent des hommes.

Elles sont chez elles dans un appartement à part, et comme la Chine est un pays chaud, ce sont des stores qui servent de séparation.

La polygamie en Chine est très-différente de ce qu'on se l'imagine généralement en Europe.

Il faut distinguer trois choses : 1° la loi ; 2° l'usage ; 3° l'abus.

La loi permet seulement à l'empereur et aux princes de prendre des femmes secondaires ; quant aux simples Chinois du moment où leurs femmes ont quarante ans et qu'elles sont stériles, ils peuvent en prendre une autre. Hors ce cas, quelqu'un qui aurait des femmes secondaires et qui serait dénoncé légalement à la justice, serait puni suivant la loi.

Voici de combien de femmes se compose le harem de l'empereur de Chine. Outre l'impératrice, qui seule a ce titre, le fils du Ciel a le droit de prendre trois reines du premier rang, neuf reines du deuxième rang, vingt-sept reines du troisième rang et quatre-vingt-une du quatrième rang. Tel est le nombre prescrit par Confucius; l'Empereur peut le dépasser s'il le veut, puisque lui seul est le maître.

En Perse et en Turquie, la polygamie n'est plus la même chose; en Chine elle n'a d'autre but que d'accroître la postérité.

Confucius a dit : « Parmi les crimes contre la piété filiale, un des plus graves est de manquer de postérité ; » aussi voilà pourquoi il n'y a pas de contrée plus peuplée que la Chine : d'après les statistiques récentes, il y a aujourd'hui en Chine quatre cent quatre millions d'habitants.

L'usage est que les gens du peuple interprètent la loi largement.

Quand la femme est stérile et qu'elle a quarante ans, le mari peut en prendre une autre. Il avance toujours l'âge et dit qu'elle a quarante ans quand elle n'en a souvent que trente.

Les femmes légitimes sont les premières à demander que leurs maris aient des femmes secondaires pour pouvoir exercer sur celles-ci une prépondérance d'ailleurs reconnue par la loi.

J'ai connu en Chine un particulier assez riche qui avait quarante femmes; mais ayant été dénoncé à l'autorité, je l'ai vu exécuter sur la place publique.

Les Chinois qui se piquent d'une certaine régularité de mœurs ne prennent jamais de femmes secondaires. Au reste, le ménage où il y en a beaucoup est infernal; il faut l'avoir vu pour savoir ce que c'est.

Y a-t-il une grande différence entre les femmes légitimes et les femmes secondaires? Oui; la femme légitime est seule regardée comme la mère et ses enfants passent devant ceux des femmes secondaires. Ces derniers sont sous l'obéissance de la femme légitime, et ils ne sont pas tenus de porter le grand deuil de trois ans pour la mère secondaire.

Puisque la polygamie est permise en Chine sous ces restrictions, le divorce devait y être autorisé, et c'est en effet le seul moyen de rendre les femmes Chinoises soumises.

Voici toutes les causes qui peuvent entraîner le divorce; elles sont au nombre de sept :

1° La stérilité, car elle interrompt la suite des générations dans les familles et en amène l'extinction;

2° L'infidélité, parce qu'elle en trouble l'ordre;

3° La désobéissance au beau-père et à la belle-mère, parce qu'elle renverse les fondements de la société naturelle;

4° Les faux rapports, parce qu'ils troublent l'harmonie de la société domestique et tendent à en rompre les liens;

5° Le vol, parce qu'il viole la justice, et est une infraction à la convention de la communauté des biens;

6° L'excès de la jalousie, parce qu'il rend le joug du mariage insupportable et change la condition du contrat matrimonial;

7° Les maladies honteuses, parce qu'elles dégradent les générations.

Les Chinois tiennent beaucoup à avoir une postérité, car ils croient avoir trois âmes. Ils prétendent qu'après la mort il y en une qui va recevoir la récompense ou la punition de ce qu'elle a fait dans cette vie, la deuxième reste dans le tombeau, et la troisième sur les tablettes des ancêtres. Il faut qu'ils laissent alors une postérité pour être sûrs que leurs âmes seront très-honorées après leur mort.

Cependant il y a trois circonstances où le divorce ne peut être invoqué :

1° Si, quand on a épousé sa femme, elle avait une honnête subsistance et un asile qu'elle ne peut plus retrouver après sa répudiation ;

2° Si le mari était pauvre quand il l'a prise, et s'il est devenu riche ;

3° Si elle a commencé à porter le grand deuil de trois ans.

Il y a en Chine deux sortes de répudiations : le divorce de fait et le divorce légal.

1° Le divorce de fait est celui par lequel on renvoie sa femme sans lui donner d'acte.

2° Le divorce légal est celui par lequel on la renvoie en lui donnant un acte.

Bien des Chinois et des Chinoises ne savent pas signer ; alors au lieu d'écrire, ils se servent de leur main comme sceau ; ils la trempent dans l'encre ou n'y trempent que deux doigts seulement qu'ils appliquent au bas de l'acte. Il y a même des paysans qui se déchaussent et, trempant leur pied dans l'encre, s'en servent comme d'un sceau pour l'appliquer au bas de l'acte.

Quand le divorce est volontaire, la loi ne s'y oppose pas. Mais que deviennent les enfants nés du mariage ? La loi ordonne qu'ils soient à la charge du père, qui en est responsable.

En Chine, les lois sont plus favorables aux femmes que les usages.

Les maris sont avec leurs femmes et les belles-mères aussi. Ceci me rappelle un proverbe chinois qui dit : « Dans un buffet, les écuelles reviennent tour à tour, et la femme verra venir le temps où elle sera aussi belle-mère. »

La femme est tout ce qu'est son mari, dans le mandarinat même, après la mort de son mari ; et le Gouvernement tient compte des beaux actes faits par la femme aussi bien qu'il tient compte de ceux accomplis par son époux.

Quelles sont les peines infligées aux méfaits des jeunes filles ? Quand le délit est prouvé, comme les parents et les voisins doivent les surveiller et qu'ils sont responsables de ce qu'elles font, les parents sont condamnés à recevoir cent coups de bâton ;

la jeune fille est vendue comme esclave et le galant reçoit aussi cent coups de bâton à moins qu'il ne l'épouse pour réparer l'honneur de la jeune fille, s'il n'est pas marié. S'il est marié, il est condamné à autant de coups.

Voilà, Mesdames et Messieurs, des détails sur les mœurs des Chinois. Il y a certains traits, certaines idées qui ne sont pas en rapport avec les mœurs des Européens; mais les changements s'accompliront peu à peu, surtout par l'introduction du christianisme en Chine.

La Chine a, du reste, envoyé en Europe et en Amérique des étudiants pour y apprendre les sciences et les mœurs des Européens; et toutes ces initiatives font espérer une grande amélioration. C'est par ce désir que je termine cette conférence en vous remerciant de votre bienveillante attention et en disant: « Vive la France! Vive le département d'Eure-et-Loir si sympathique! Vive la Société archéologique d'Eure-et-Loir! »

www.ingramcontent.com/pod-product-compliance
Lightning Source LLC
LaVergne TN
LVHW012018170826
845678LV00004BA/1545

* 9 7 8 2 3 2 9 6 1 8 4 2 5 *